AF316931

This page is intentionaly left blank.

Peter Rot

INTET NYT FRA VESTEGNEN

Amitabha 2650

Intet nyt fra Vestegnen

PETER ROT

Vestegnen

Jeg bygger labyrintiske
og ensomme forstadskvarterer

Jeg støber ordene i beton
i funktionelle former

Jeg spreder ligeligt Lidl, Netto og Fakta
som såsæd på marken

Jeg krydrer med bander
blodskam og bowlingbaner

Jeg snitter veje i jorden
der danner et skakbræt ingen nogensinde vil spille på

Jeg opfinder kærligheden
og lader den flakke hvileløst mellem de grå boligblokke

Jeg sætter mig tilbage
og kontemplerer mit skaber værk
min hverdag

Automutilatorisk agenda

Først vil jeg skære min pegefinger af min venstre hånd
med min Zwilling køkkenkniv
og skrive revolutionære slagord på væggen
som
"No gurus, no dogma"
med blodet

Så vil jeg save armenene af ved albuen
og med blodet
male en Pollock kopi
på køkken bordet
det har sgu altid været så kedeligt

Tæerne vil jeg klippe af med en grensaks
og sende dem som souvenir
til oraklerne på borgen
og kræve en høj løsesum
for at løslade deres visioner

Det ene ben vil jeg give
til min hund
den har fortjent endelig
at få noget godt ud af mig
det er en god hund
vuf

Mine børn vil få det andet
så de kan udstoppe det
og tage det med i skolen
til klassefester
og dimissionsfester
og fodboldafslutning

Således aflastet det meste af min jordiske eksistens
er tiden kommet til at tage det sidste skridt
fra denne miserable krop
på Hvidovre station

Det er en speciel slags mørke man ser
i lyset
fra togets lygter
før det rammer

Indsigt – udsigt

Det er som om bevægelsen hjælper
man glemmer helt man ikke ved
hvor man skal hen

man slår et søm i
man spiser en frikadellemad
og lidt rullepølse

Jeg snakker med Jørn Leths stemme i mit hoved
og husker Tourmalet
og fremkalder billeder i mørkekammeret på skolen i 6.
klasse

saver et bræt på skrå
og måler
stormen kommer
men radiobølgerne flyder
med signaler gennem rungende grotter
af tosomhed og ler

Vi vinkede til os selv og faldt
med nåle i armen
i en dyb psykose af kærlighed

Men jeg er på rehab
prøver at stoppe
virkningen er fortaget

Jeg sømmer det sidste bræt for vinduet
det er bedre sådan
ingen udsigt
ingen indsigt

Højvande - lavvande

højvande
lavvande
ordene bølger mellem vores munde
du siger du kan huske engang
jeg siger det ikke var sådan

højvande
lavvande
ordene trækkes frem og tilbage
af vores usikkerhed og masker
vores selvorganiserede selfies

højvande
lavvande
mågerne cirkler over stranden
du kigger ud i luften
jeg kigger ned i jorden

højvande
lavvande
jeg siger jeg måske tog fejl
du stryger blidt min hånd
og siger "hej"

Når uroen tager fat

Men jeg prøver da hver dag
at sidde stille
og føle ingenting
og ikke dømme og vurdere

…når uroen tager fat ..

men jeg arbejder hver dag
og færdiggør en handling
og så en anden
og til sidst kan jeg gå hjem
og gå med hunden
eller se Livsfarlig Fangst
mens månen gaber sit tomme lys
udenfor

nogle gange tænker jeg
"er det bare mig?"
og kigger mig omkring
og siger
"Angrib?"
men de omkringstående stirrer ud i luften
eller småsnakker lidt

Kan de ikke se støvskyerne
fra fjendens støvler i det fjerne
kan de ikke se hvor travlt vi har?

Singularitet

Jeg prøver at opklare forårets mysterium
og tyde dets hemmelige alfabet
kragens skrig og vindens
rusken i lindetræerne

For enden af hvert hvedeaks
gemmer sig
spiren til det næste

Kronos børn er gåder
skrevet i uventede koder
som radioaktivt henfald

For enden af hvert ord
gemmer sig
kimen til det næste

Denne kædedans er bevidsthedens kilde
endeløs gravitation
mod singulariteten

I starten af hvert skrig
gemmer sig
ekkoet af et foregående

Hver beskyldning
rummer en tidligere

Hver krig den forrige

Voldens cyklus er mejslet
i seismografens
rulle
et signal fra kridttidens fosiler

Børnene løber over fodboldbanen
i eftermiddagssolen
og sorgløshedens forfald

Villahavens vandhane drypper
i dråben findes kilden til
endnu en dråbe
og endnu en

Breve til dig

Der findes et tropisk lavtryk
syd for min karma
der tiltrækker mørke skyer
og lange rækker af forbipasserende

Jeg trækker skuffen ud og
finder breve
der kun var ment til at blive skrevet
aldrig sendt eller læst

Under gulvet banker
ængstelige musehjerter
som geigertællere i
nattens tåge

Vi kigger over hegnet
der omkranser vores eksistens
og ser os stå hver for sig
det er lavtrykkets forvridning
af tid og rum
som holder os sammen

Solen brænder langsomt
gennem tågen
og oplyser vores ensomhed

i Avedøreværkets dunkle gange
ligger de forbipasserende
og venter
på breve
der aldrig bliver sendt

Første konsultation

jeg kigger på min terapeut
og tænker på at foreslå
om vi ikke hellere
skal slås om det

men siger
jeg føler mig trist
men rummet er behageligt
og vandet fra vandhanen smager godt

vi kunne også springe ud fra vinduet
samtidigt
og se hvem der brækker færrest knogler

hun siger jeg siger mange ting
der er mange brikker
det er svært at vide, hvad der er vigtigst
og jeg skal huske at føle

måske kunne vi lægge arm om det?

kommer i tanke om
at man jo betaler dyrt
for retten til at føle sig syg
så man skal huske at udnytte det

kan mærke tårerne bag øjnene
som en vældig væg af vand
jeg holder tilbage
men man skal ikke græde ved første konsultation
ligesom man ikke skal kysse på første date

Vi kunne også prøve waterboarding
man skal jo føle døden for
at føle sig levende

Vi bliver enige om, at jeg har lang vej igen
men ingen af os ved i virkeligheden hvilken vej
så jeg betaler bare
og siger vi ses
og ser mig aldrig tilbage

Jeg vil bygge en bro

Jeg vil bygge en bro
fra mit hoved
til Middelgrundens vindmøllepark
så mine tankers uro
kan omsættes til vindenergi
der kan oplyse et børneværelse
hvor en far læser
Den lille pige med svovlstikkerne
for en dreng
der vokser op
og finder en æske
der rummer
1000 års ensomhed

Jeg vil bygge en bro
fra mit åndedrag
til efterårets brise
og ophvirvle
de nedfaldne blades løfte
om snarlig død
i en dans i tågen
som ruller ind fra kysten
og skjuler
og udligner alle forskelle

Jeg vil bygge en bro
fra min mund
til din
så postbude
med hundekiks i lommen
uforstyrret kan overføre pakker
med mine tanker
til dig
som du vil åbne
hvor nogle vil være
en trold i en æske
andre en rose
og en vil rumme en nøgle
til en anden pakke
som gik tabt i transporten

Jeg vil bygge en bro
fra mit bevægelsesapparat
til himlens stjerner
så jeg kan samle dem
i en halskæde
der blinker i lyset
fra de sidste gløders
varme lys

Signaler

Vi er alle drømmenes materie
livløse kanaler for
æteriske signaler

vores tanker er vandet
som bølgerne forplanter sig i

moden er revler
på Ishøj strand

moralen er
skysystemer over Hvidovre
i bevidsthedens atmosfære
en endeløs strøm af
højtryk og lavtryk

ungdommens frihedstrang
og alderdommens sentimentalitet
er signalernes amplitude

alle vore forelskelser og forbandelser
håb og drømme

er koder
i signaler

vi aldrig vil forstå

Plat og krone

På bordet ligger mønten
den viser plat
og venter blot på spørgsmålet
som dens plathed
er svaret på

Sådan er dine øjne
når jeg fortæller om
Sibirens tundra
og alpernes tinder

eller om glemte sprog fra forhistoriske civilisationer
og skjulte formler
der binder virkeligheden sammen

eller om livets logik
og DNA strengens klang
i fuldmånens skær

Dine øjne er mine øjne

hvis bare jeg kunne
finde spørgsmålet

Den kølige luft fra vinduet

Nattens mørke tænder
tygger forsigtigt på mig
og spytter mig ud

til søvnens frådende monstre
der venter på at rive
min bevidsthed i strimler
og fryse dem ned
og sælge dem
til dagens tjenere
som travlt hænger dem
op som fælder

fra dybet af grotten
høres en klagen
fra tusinder af indespærrede
tanker de har indfanget

men den kølige luft fra vinduet
beroliger dem
mens jeg mærker varmen
fra dine fødder
på mine

Mit håb

Jeg håber du vil huske aftener
hvor jeg kyssede dig på panden
og aede dig blidt på indersiden af armen
indtil dine spjæt afslørede at søvnen havde fanget
dig

Jeg håber du vil huske morgener
fyldt med jazz og duften af kanel
og muskatnød
kaffe og avis

Jeg håber du vil huske
at jeg prøvede

Jeg håber også du vil huske smilet
og mine varme hænder
de vil altid være hos dig
som et skjold om dine bløde kinder
når du falder i søvn

Men mest af alt håber jeg, at du vil komme
og kysse mig på panden til farvel
inden jeg sejler ud
til horisonten
hvor jeg hører hjemme

Sommeren er endeløs

Det er slut nu
og det er okay

Slagteren tæller kassen op
i Netto kører de skiltene ind i butikken

Støvregnen sænker sig som en dyne
over forstæderne
hvor ungdommens drømme
begraves i middelmådig tosomhed

Jeg skriver den sidste side og
lægger mig
mens jeg tænker på fjerde klasse
sidste skoledag
cykler hjem i solen
og tænker
skolen er slut
og sommeren er endeløs

Brøndby strand Juli 2015

Pas på hvem du fucker med,
2660 Brøndby Strand
råddenskaben kan lugtes
længe inden man faktisk når stranden
selv vandet er grumset herude

Juli smelter is og silikone på stranden
arabiske telte
polakker og pivo
jeg skriger til himlen, som den eneste her
uden tatoveringer
og/eller alvorlig overvægt

Ronaldo 1 og Ronaldo 2
i bar overkrop
spiller fodbold
men drømmer om at spille pik
mod pigernes bryster

kigger ned og prøver at læse
Tranströmer,
men kontrasten er for stor
lukker øjnene og falder i søvn

drømmer om en tsunami
der udryder hele fingerplanen
og de overlevende opretter
autonomt område med egen valuta

jeg graver mig dybt ned i sandet
ånder gennem et sugerør
kommer kun op ved midnat
og finder rester af grillpølser og majs

Jeg vender mig og drømmer videre
om en flok rockere
der konfronterer mig med min arrogance
og manglende selvværd
de giver mig ti piskeslag i straf med motorcykelkæden

Koder

DU
Du ser mig ikke
i vrimlen
i fart
er dit blik fikseret
på noget
som ikke er mig

Du er træerne i tågen
fingre i skumringen
der venter på at gribe mig
når solen er gået ned

Du er druknende børns
hæse bøn
i havets
stilhed

JEG
Jeg er spøgelset
der går gennem byen
porøs og transparent

Jeg er frostens klare kald
min stemme runger rustent
som torden over landet

Jeg er mennesketomme busser
der kører gennem natten
på jagt
efter en endestation

VI
Vi er bladene på lindetræets blide rislen
i vindpustet
en krusning på bølgernes
stramt komponerede
rytmer

Vesuv

Under vesuv
ulmer lunefuld lava
der truer med at udslette
og kvæle alt
liv

Udbruddene har en uforudsigelig regularitet
alligevel vælger indbyggerne at blive boende
på grund af skønheden
og duftene fra bjergenes
blomster

Under vores kærlighed
ulmer en hemmelig kraft
der truer med at udslette
os begge
to

Der findes en dyb og eksplosiv varme
som binder os sammen med jordens kerne
mens højvande og lavvande
køler de pyroklastiske
udbrud

Sorrento

Der fndes en hemmelig by
under Sorrento
Den viser sig
i sprækker
som begæret i de unge pigers øjne

Bymurene er bygget mod
pirater og overlevende
fra nattens fester
for at holde sammen på
hverdagens institutioner

Græsset springer frem fra sprækker
i bygningerne som skægstubbene på fiskerne
der fragter indfangne turister

En mønt falder til bunden
og spises af et havuhyre
hvis mug ånde
kan lugtes i tunneller
der som blodårer pumper søvnige pionerer
frem
og tilbage
til byen

På væggen står skrevet
”Fuck the system”
men der er intet system
kun mekanisk venlighed
der som buske, træer og græs
invaderer forladte huse
i skyggen af hotelskilte

Som orme i kraniets øjenhule
slynger lianerne sig
ind
og ud
ad vinduer og døre

De pladetektoniske forskydninger
der viser sig i de støvede
klippevægge
er frembragt af mødet mellem
forfængelighed og hovmod
i citrontræernes skygge

Capri

Capri er en gal gøgler
med guldtænder og
Cucci gevær

Han kalder sine igler sammen hver morgen
og sender dem ud gennem sin blodbane af smalle stier
til ukendte kroppe badet i sved

Smykket med grotter i mange farver
danser han med et indforstået smil
til "That's amore"

Hans show kører tilsyneladende
på alle kanaler i USA
lige før TV Shop

Men under huden findes
et million år gammelt skelet
af drypsten og stejle klipper
hvor ensomheden hersker
På ryggen ses ar af udkigstårne
og borge der vidner om kamp
og sygdom

Han er et sminket lig
der dufter af citron
og bange anelser

Augustregnens hvide støj

Vågner til augustregnens
insisterende knitren
udenfor vinduet
der står på klem

som en glemt langbølge kanal
hvor nogen engang
kommunikerede
men blev tavse

måske snakkede de om somre ved stranden
eller gåture med
forlegne smil forelskede
i middagssolen

eller syrenens duft
i dampen fra den nyfaldne
regn efter en begravelse

men jeg kan høre de er tavse nu
og alle spor
der beskrev deres færden
er visket væk
som også vores
vil blive det

af augustregnens hvide støj

Røgen fra pistoler

Efterårets kølige sug
kysser mig tilbage til livet mens

Røgen fra pistoler
der aldrig blev affyret
og bål der aldrig
blev antændt

hænger tungt i luften

og venter på sætninger
der aldrig blev sagt
til elskere
som aldrig blev elsket

æbletræerne nikker indforstået
og kalder i kor
på sommerens længsel

Dødsmetal

Mens døden lukker dagen
på Forbrændingen
i Albertslund
gemmer jeg mig i monstrets mave
stortrommerne masserer
angsten i mit bryst
og guitarernes trioler
hvisker bag skrigene

jeg læser Strunge efter at være kommet
ud af natmaskinen
og føler mig som
en verdenssøn
mine tanker er tynde som papir
på hvilke der står
"tak"
"jeg har alt jeg har intet"

Vestegnen er apokalypsens forpost
jeg har det godt her
blandt forfaldne huse
og mennesker

Tomme skibe

Tomme skibe
sejler i natten på Øresund
som rastløse genfærd
gennem Kronborgs gange
slæbende tunge kæder
sultne efter liv
og dans

Deres tågehorn
som ulve mod månen
og narhvalens ensomme sang

På flugt fra sikre havne
og toldmyndighedernes krævende fingre

De følger et fyr
der lokker
fra toppen af en
skjult klippeø

men nedenfor findes en
skibskirkegaard
af sunkne
tomme
skibe
Der som døgnfluen søgte lyset
og blev knust

Altid væk

Jeg lægger det bag mig
går i den bidende septembervind
væk

Jeg fryser mens jeg tæller leddene på mine fingre
snart ville jeg ikke kunne se det
selvom jeg vendte mig
Men jeg fortsætter væk

mens træerne bliver flere
rækker de krogede grene ud efter mig for
at få mig til at stoppe
og slå rødder med dem
Men jeg fortsætter væk

En motorvej ruller forbi
dens hypnotiske nynnen prøver
at få mig til at stoppe
og suge mig med sig
Men jeg fortsætter væk

Jeg kommer til en mørk granskov
hvor jorden er som bløde, varme madrasser
der lokker for at få mig til at stoppe
og sove
Men jeg fortsætter væk

Jeg står på en mark
begynder at grave
i den halvfrosne muld
finder en æske
åbner den

Jeg lægger det bag mig
går i den bidende septembervind
væk
altid væk

Fjerne lyde af tungt maskineri

ja okay, så ligger vi her igen
og lytter efter tågen
og fløjlsbløde vanter
mens de sidste blade falder mod jorden (udenfor)

Fuglene forlader de tomme stationer
og vi brækker gulvbrædderne op
og graver os ned
mens lykkehjulet drejer uden at standse

Fremmede forlygter passerer de åbne gader
og vi holder maskerne tæt
og trækker den kølige luft ind
mens endnu en mulighed forspildes

Flyene flygter henover den sovende by
og landet damper af død
og fjerne lyde af tung maskineri
mens varmen fra din ånde

holder mig vågen

Leviathan

I dag på toppen af Hvidovre centret
efter boksetræning
så jeg den svage efterårssol
oplyse birketræernes skelet
som et røntgen billede
med en klarhed
som så jeg dem første gang uden filter

Deres hvide krogede knogler
trådte frem under bladene
der var faldet
til jorden

Jeg så træerne var mig
jeg så mig holde dig i hånden
om tyve år og alt var langsommere og anderledes
blot ikke varmen fra
den bløde hud på dine hænder

I dag havde de målt det højeste lufttryk
siden 1904
og jeg kom til at tænke
tilbage på det tidspunkt i foråret af 2012
hvor jeg sad i min stol og tænkte
"jeg er lykkelig"

Jeg bygger et hus i min have
for at samle mine erindringer
tagets stærke bjælker
skal holde himlen ude

Jeg læser igen om F14 fly på Quora
mens jeg skifter pladen
til The Mahavishnu Orchestra

Vi gik en ny vej gennem skoven i går
bøgenes stringente positur
altid på vagt
de indtørrede brombær
og kantarellernes march på granernes
bløde tæppe
en tanke blev ved at kredse som falken
og truede med at dykke
til angreb

Jeg lukker skrivebordsskuffen
for at holde minderne spærret inde

hos galleristen står landskaber
gemt i hjørner
bag århundreders støv
og funkler levende
som Coltrane i et tilrøget lokale
blæsende mod månen

Sarpsfossens knitrende
elektricitet i aftenvinden
driver unge kvinders hjerter
over hele kloden
mens avnbøgenes arytmiske
fald
i skoven
afbryder
som aktier på børsen
skibet på maleriet knirker rytmisk
til bølgernes hjerteslag
alene i havgusens favntag

mens tågens blærer
eksploderer beroligende
på min hud
hører jeg vinden
eller sirener i det fjerne
jeg sætter kurs efter deres sang
bag mørket kan jeg skimte en horisont

jeg skrev
men intet hang fast
som en motor i tomgang
i en kø
på vej hjem mens de modkørende bilers
lygter glødede som hjorteøjne i natten
eller stearinlys i vinduerne

går gennem byen
ser en udstilling af billeder
sorte kvadrater
"en afspejling af dit indre"
jeg tænker på et træk af gæs
der lød
som et knirkende hjul

men regnen omslutter os helt nu
området er slidt ned
af vores fodspor
der er intet fortov vi ikke har gået på
intet skænderi vi ikke har haft

den faldende barometerstand varsler søvn
og langsomme Ben Webster morgener
gennem vinduet varmer
den lave søndagssol min fod
foret på min hættetrøje
aer mit hoved blidt
mens jeg blunder

udenfor er troldhaslens grene
snørklede
som mine tanker
og mister deres blade
indtil de står nøgne
og paniske
mod den matte novemberhimmel

En udbrændt knallert
ligger tæt på Vestegnens brandvæsen
det ligner skelettet
fra en strandet hval
Leviathan

mens mosekonen brygger
genkender jeg mig selv
i tågen
mørk og gennemsigtig

der findes en klump
af orange varme i min mave
en kompliceret reaktor
en solnedgang
over havets overflade

lindetræet har nu smidt sine sidste blade
og grenene står som dendritter
på jagt efter
forbipasserende tanker

Jeg vågnede midt i en drøm
mens jeg stadig sov
og lagde mærke til en
gennemtrængende stilhed
som vand omsluttede den min
krop og tanker
en ro af flydende krystaller

jeg har aldrig hørt en sådan stilhed før
og glæden ved at finde ud af at den findes
fik mig til at vågne
jeg indså
vi er alle på vej
vi er en armé af
druknede skibshunde
på jagt
efter stilhed

Det er en speciel slags luft
der fylder gaderne
denne aften
som en forudsigelse af drama og forfald
en uro
der blæser
stille og arytmisk
i stormens første
sug
vinteren er på vej

Fodbold U11 piger, Greve 2014

En forsinket sensommerdag
i oktober

Ray Ban, brise og egetræernes
sitren omkring de vidåbne baner
Kaffe, müslibar, vanddunk
og usmittet latter

Et uventet øjeblik som aldrig
vil eksistere igen
en mystisk indsigt uden
genstand
en spire
der gror i mit bryst

Egen

Vi vokser sammen
Vores rødder
er blevet viklet ind i hinanden
og vi drikker det samme vand
og vi ånder den samme luft
og vi står på den samme jord
og vil fortærres af den samme ild

Mens langbølgemodtageren
knitrer og lytter
efter svar

folder vi duge
og reparerer huse
og bliver ulykkeligt forelskede
og spiser brød
og går ture
indtil nogen slukker
for den store radio sender

Clockradioens røde lys oplyser rummet
med en hemlighedsfuld glød
de lange gange
leder dybere ind i den stjerneoplyste
nat

egen står fast på toppen af bakken
i månelyset
og overvåger vores drømme
bag nu nedfaldne blade
nøgen som ordene
lige før solen
står op

Stille væsner

Til J i anledning af hans 40 års fødselsdag

i dag så jeg de første hvide hår i mine skægstubbe
og opdagede, at de også havde spredt sig til håret
små pletter der lignede den første sne i den tidlige vinter
hvor bladene ligger spredte og uforløste på skovbunden
og kalder på den hvide dyne
for at gå til ro
langt fra sommerens latter og leg
hvor muldens vedblivende rumlen under overfladen
pludselig kan høres
den er forbundet med frekvenser i universet
som ikke helt er forståede endnu, men nu
kan jeg så småt begynde at høre den
bag al verdens larm

mens tankerne gradvist tager længere
om at blive indfanget
ser jeg flere skygger i skoven mellem træerne
skygger af væsener jeg aldrig lagde mærke til
i farten førhen
stille væsener med blide poter og venlige øjne
der lister
og venter på at fortælle mig
om steder jeg aldrig har hørt om
når jeg engang får tid
til at høre efter

Langdistance

Tundraen flimrer i mørket
langt fra mit hjerte
men tynde melodier
og fragmentariske rytmer
forbinder os
som kys
i en telefon

Organisk membran

Mens jeg spejder efter glemte civilisationer
og sukkervand
falder bladene stille

dag for dag afklædes træerne
på min gårdtur med hunden

Snart er vi alle nøgne og venter
på den hvide støj
fra dybet
med musklerne spændt
gør vi os klar til den endelige kamp

Vi tapper den sidste varme
fra solen
som de øgler vi er

Alfabeternes fanfare varsler
terrorkatastrofer og pludselig død

Men under jorden venter varmen
der flyder som en organisk membran
mellem natten og dagen
en transistor
en morsekode
en dyne

Året er næsten gået

Året er næsten gået
jeg holder dig i hånden
du snakker og er glad
jeg kigger på månen og på hunden

der var en på arbejdet som….
jeg skal huske at skrive den mail
i morgen er det fredag
og jeg vil drikke et glas rødvin
men først skal jeg købe ind
hvis bare jeg kunne…

Jeg leder efter eject knappen på min lænestol
Jeg leder efter ham med nøglerne til raketten
Jeg leder efter den hemmelige dør i gulvet

men

Jeg kigger på månen og på hunden
du snakker og er glad
jeg holder dig i hånden
året er næsten gået

Hvid

Jeg er Walter White
i en bjælkehytte
dybt inde i skoven
Ingen kender mig her

Jeg klipper fotografier
ud af aviserne
og hænger dem
på væggen for at huske

De falmer og falder
til jorden
med samme stilhed
som snefnuggene udenfor

alle spor, der viser
jeg har været her
udviskes af sneens falden
og fotografiernes falmen

Vinterhi

Når jeg bøjer min langefinger
styrter aktiemarkeder i Asien
når mit hjerte banker
dannes tordenbyger
over Belize
når jeg klør mig i håret
hærger skovbrande det nordlige Californien

Min søvn er en istid
af gletcherfyldte drømme
der skærer dybe huller
i underbevidstheden

Bjørne i vinterhi
venter på forår